Aquí está tu correo

Claire McKay-Barry

Consultores del Programa de lectoescritura
David Booth • Kathleen Corrigan

¿Cuándo fue la última vez que recibiste el correo en tu casa? ¿Cómo llegó hasta allí?

Cada año se entregan millones de cartas y paquetes por correo. Pero ¿cómo llega el correo a su destino?

Las personas mandan el correo
de maneras diferentes desde hace años.
Veamos cómo se ha mandado
el correo a lo largo de los años.

Por paloma mensajera

¿Has escuchado hablar de
las palomas mensajeras alguna vez?
No son como las palomas
que ves en la calle.
Las palomas mensajeras
se usaban hace más de 100 años.
Llevaban las cartas atadas a sus patas.
Las cartas tenían que ser
muy pequeñas.

Algunas personas todavía usan
palomas mensajeras.
Estas palomas también se llaman
palomas bravías.
Llevan objetos muy pequeños.
Saben el camino para volver a sus hogares.

Por tierra

Hace cientos de años también se usaban
caballos para entregar el correo.
Los caballos jalaban un carruaje
llamado diligencia.
Las diligencias llevaban el correo
y a las personas a través de
los Estados Unidos.

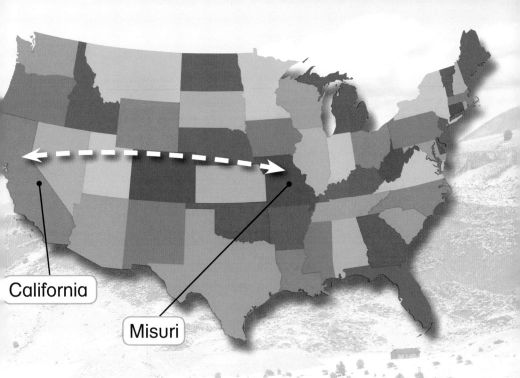

California

Misuri

El Pony Express era un servicio de correo.
Llevaba el correo entre Misuri y California.
El Pony Express usaba jinetes y caballos.
Los jinetes llevaban el correo en bolsas.

Por agua

El correo también viajaba por agua.
Las cartas y los paquetes se llevaban
en barcos llamados buques de vapor.
Los buques de vapor se usaban
hace unos 200 años.
El correo podía demorar semanas
en llegar a su destino.

Hoy en día algunas personas
todavía reciben su correo por agua.
Sus buzones están junto al agua.
Los trabajadores postales entregan
el correo desde un bote.

Por aire

Hace mucho tiempo que el correo
se lleva por aire.
Antes de los aviones, algunas personas
mandaban su correo en globos aerostáticos.
Una persona viajaba en el globo
con el correo.
Esa misma persona dirigía el globo.

Hacia 1911 ya se usaban los aviones
para entregar el correo.
El correo llegaba mucho más rápido.
Hoy en día todavía usamos aviones.
¡Este avión entregará
muchas cartas y muchos paquetes!

Los drones en el cielo

Hoy en día un dron también
podría entregar tu correo.
Un dron es una aeronave.
Vuela a través del cielo.
Alguien le indica adónde ir
con un control remoto.

El dron puede llevar paquetes
y volar con ellos.
¡Puede llevar el correo
a la puerta de tu casa!

Por computadora

Hoy en día las personas ya no envían
tantas cartas ni tantos paquetes.
Usan el correo electrónico.
El correo electrónico es una carta
que se manda por computadora.

Muchas personas usan
el correo electrónico en sus trabajos.
Pero tú también puedes mandar
correos electrónicos a tus amigos.

Cada día usamos más la tecnología para mandar el correo.
La tecnología cambia todo el tiempo.
¿Cómo piensas que mandaremos el correo en el futuro?

Para pensar

Usa una tabla de tres columnas. Escoge tres maneras de entregar el correo. Escribe una manera en el encabezado de cada columna. Luego, incluye detalles de cómo se puede entregar el correo de tal manera.

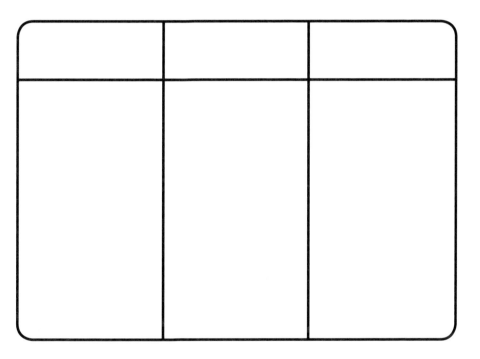

Aquí está tu correo

Claire McKay-Barry

NIVEL I

ISBN-13: 978-1-4869-1078-6
ISBN-10: 1-4869-1078-5

COLONIAL VIRGINIA'S
VIRGINIA'S
War Against Piracy

The Governor
&
the Buccaneer

JEREMY R. MOSS